OSCAR
PRIMI JUNIOR

DARIA BERTONI

STELLE IN EQUILIBRIO

Illustrazioni di Sara Mauri

www.ragazzimondadori.it

Prima edizione giugno 2018
Seconda ristampa luglio 2019
Stampato presso ELCOGRAF S.p.A.
Via Mondadori, 15 - Verona
Printed in Italy
ISBN 978-88-04-68792-4

a Tea

Le vacanze estive sono volate e settembre è tornato puntualissimo: la scuola è appena ricominciata e a Milano si respira ancora quel clima di festa tipico dei primi giorni.

I bambini corrono per i corridoi, salutano gli amici delle altre classi e qualcuna ha ancora le treccine nei capelli e le braccia abbronzate.

Stella se ne sta appoggiata al muro, con le scarpe da ginnastica slacciate, in bocca una gomma da masticare e tra le mani un foglietto tutto stropicciato.

«Terra chiama Stella! Terra chiama Stella! Rispondi Stella!» esclama Vivi, la sua migliore amica.

«Oh… Ehi!» bisbiglia Stella, sovrappensiero.

«Avanti, sputa il rospo…» insiste l'amica. «Che ti frulla lì dentro?»

Vivi è un tipetto tutto pepe, minutina e con i capelli corti. Per via della sua altezza non dimostra di avere otto anni ma molti meno e questo la manda su tutte le furie! È la bambina più curiosa di tutta la scuola. Conosce ogni cosa che succede in classe e non le si può nascondere niente. Anche durante le spiegazioni è sempre attenta e per questo è la più brava della classe.

Stella le passa il foglio che ha in mano.

«Corsi base di ginnastica artistica…»

«Eh già, anno nuovo sport nuovo!» esclama Stella ironica. «Visto che nuoto, danza, karate e scherma non facevano per me, quest'anno mia mamma ha pensato bene di

iscrivermi a ginnastica… E poi le è comodo per venirmi a prendere dopo il lavoro. Meglio di così!»

Stella non ha idea di cosa sia la ginnastica artistica, ma è certa che non le piacerà più di tutti gli altri sport già provati.

«E poi, Vivi… mi vedi con addosso un

body tutto aderente e magari pieno di brillantini?»

«Che ridere, Stella! Pensa a quando ti lamentavi della divisa di karate o della maschera di scherma!»

Il giorno del primo allenamento, Stella preferirebbe starsene bella spaparanzata sul divano a guardare cartoni e a mangiare dolcetti, piuttosto che essere trascinata nell'ennesima palestra.

«Dài mamma, lasciami a casa. Prometto che rifarò il letto e riordinerò la camera per una settimana. Cosa ne dici?»

«Affare fatto! Ma sbrigati a preparare la sacchetta che siamo in ritardo!»

«Uffi!» brontola Stella, mentre si stiracchia sul divano.

Appena lei e la mamma entrano nell'atrio della palestra sono accolte da una ragazza muscolosa con due grandi spalle e occhi limpidi.

«Ciao, bene arrivata Stella. Io sono Elena e sarò la tua istruttrice!»

Elena solleva da terra una borsa enorme caricandosela sulle spalle come se fosse una piuma e con un bel sorriso esclama: «Forza, andiamo! Ti mostro gli spogliatoi».

C'è tanta confusione e Stella è così distratta che si allontana dalla mamma senza nemmeno salutarla. Arrivata nello spogliatoio però prova un velo di malinconia e pensa: "Che strano, sono arrabbiata con lei per avermi trascinato qui e ora invece vorrei darle un abbraccio". Ma Stella non è una frignona: si fa coraggio e si tuffa in quel caos di voci, borsoni e vestiti sparsi ovunque.

Prima di entrare in palestra Stella si nasconde dietro la porta a osservare tanti oggetti strani: travi, anelli, tappetoni blu e un sacco di attrezzi che sembrano quelli del parco giochi di fronte a casa.

«Vecchio body di danza... Capelli sciolti... Tu devi essere nuova...» dice a Stella una ragazzina dall'aria strafottente con un body luccicante e un sacco di mollette in testa. «Mi chiamo Martina e sono una dell'agonistica.»

Gold Gym

Stella guarda con imbarazzo il suo body rosa sbiadito e sussurra intimidita: «Io sono Stella... In effetti è il mio primo allenamento...».

«Ehi, cosa fai lì dietro? Vieni anche tu in riga insieme alle altre!» esclama Elena, facendola sobbalzare. «Ma prima ti svelerò la regola numero uno di una ginnasta: i capelli devono sempre essere ben pettinati. Niente deve dare fastidio durante gli allenamenti e le gare.»

Stella sfila dal polso un fermacapelli, ed Elena le fa una bella coda di cavallo. Poi l'istruttrice tira fuori dalla tasca due bellissime mollette color argento e le fissa sui riccioli biondi di Stella.

A Stella vengono in mente le mattine passate in bagno con la mamma a inventarsi ogni volta nuove acconciature. Era il loro momento speciale... Ultimamente però la mamma lavora tantissimo e quando Stella si sveglia, lei è già uscita. È il papà a occuparsi dei vestiti, della colazione e soprattutto dei suoi capelli. Lui scherza, facendo finta di essere nel salone di parrucchieri dell'affascinante Eugène (il vero nome di papà è Eugenio) e il divertimento è assicurato, ma cercare di contenere tutti quei riccioli è davvero un'impresa!

«Iniziamo con l'appello» dice Elena. «Sofia, Glenda, Stella.»

Stella sente il suo nome e con il cuore che le batte forte borbotta: «Presente», fa un passo avanti e cerca di imitare le altre bambine facendo il saluto e alzando un braccio.

L'allenamento inizia con alcuni giri di corsa, slanci delle gambe, saltelli su un piede e poi quelli che Elena chiama esercizi di scioltezza per le gambe. Già dopo i primi esercizi Stella è senza fiato e le gambe sono tutt'altro che sciolte!

Intanto, dall'altro lato della palestra, Martina e un gruppo di altre ragazze più grandi provano una serie di rovesciate avanti e indietro al corpo libero.

«Quelle sono le Gazzelle, le ragazze dell'agonistica. Sono bravissime, vero?!» esclama una ragazzina dai capelli rossi e una cascata di lentiggini sul naso. «Stanno preparando un campionato molto importante. Le chiamano così perché quando gareggiano fanno salti talmente alti ed eleganti che sembrano delle vere gazzelle. Ah… io sono Anna.»

Anna fa ginnastica da molti anni e non è mai riuscita a passare di categoria, ma non le importa un granché: le piace tantissimo allenarsi, ma proprio non riesce a concentrarsi e fa spesso dei grandi capitomboli e tante tante risate!

Finito il riscaldamento il gruppo si sposta al primo attrezzo: il trampolino.

«Iniziamo con rincorsa e pennelli» urla Elena alle bambine nel caos della palestra.

Quando arriva il suo turno, Stella prende una bella rincorsa, salta sul trampolino e in un attimo si ritrova a rimbalzare con il sedere sul tappeto elastico. Tutte le altre scoppiano in una fragorosa risata e la scena è talmente comica che anche alla bambina scappa da ridere.

«Ahi ahi… Che botta!» dice, ridendo con le sue compagne. Non ci può credere… Possibile che si stia divertendo?

Anche la mamma la sta guardando e le lancia un bacio da dietro la vetrata, poi scappa via.

All'uscita dalla palestra ad aspettarla c'è il papà. «Ma… la mamma?» chiede Stella, delusa.

«È dovuta restare in studio. Temo proprio che stasera farà tardi. Cosa ne dici se ci prendiamo due pizze?»

Mentre apparecchiano la tavola il papà domanda a Stella: «Allora Cicciariccia, raccontami tutto. Come è andata oggi in palestra?».

Fin da piccola i suoi genitori avevano iniziato a chiamarla Cicciariccia per via della sua chioma ribelle, ma adesso Stella, anche se adora quel nomignolo, incrocia le dita perché mamma e papà non lo facciano davanti ad altri bambini.

«Non so, papà, le mie compagne sono tutte bravissime e io in confronto sono una schiappa. Non conosco neanche i nomi degli attrezzi!»

«Ma è il primo allenamento, devi ancora imparare tutto.»

«Pensa che oggi prima di entrare in palestra ero convinta che la ginnastica artistica fosse quella con i nastri, i cerchi e le gonnelline!»

«Ah ah! Quella è ginnastica ritmica. Dài, finisci l'ultima fetta di pizza e poi ti faccio vedere al computer che cos'è la ginnastica artistica.»

«Ok... Papà?»

«Dimmi, Cicciariccia.»

«Ma la mamma... quando torna?»

Stella e il papà si mettono davanti al computer per cercare video sulla ginnastica artistica.

«Dài dài papà, fammi vedere quali esercizi si fanno sulla trave.»

I due passano tutta la sera a guardare le gare più importanti e le ginnaste più famose. Stella è elettrizzata nel vedere quei corpi ondeggiare, saltare e quasi volare così velocemente e con così tanta grazia.

«Ora ti mostro l'esercizio alle parallele asimmetriche che ha sconvolto il mondo intero. Hai mai sentito parlare di Nadia Comaneci?» chiede papà.

«Chi?»

«Nadia Comaneci, la prima ginnasta ad aver preso 10 alle parallele. Significa che il suo esercizio era perfetto. Con quella prestazione è diventata una leggenda!»

Sdraiata sul letto, con le gambe all'insù appoggiate al muro, Stella tiene in mano il diario e con la sua penna preferita a forma di stella inizia a scrivere.

Caro diario,

anzi, cara Nadia (diario non offenderti se questa sera non scrivo a te ma ho deciso di scrivere alla ginnasta più forte di tutti i tempi, alla mitica... NADIA COMANECI!!!

Il mio papà mi ha raccontato di te e della tua super esecuzione e insieme abbiamo rivisto il tuo video non so quante volte! Caspita, come eri brava... A soli 14 anni hai vinto le Olimpiadi eseguendo un esercizio perfetto.

Il papà mi ha detto che il tabellone dei punteggi non prevedeva il 10 e così hanno scritto solo 1. Chissà cosa hai pensato... 1 al posto di 10!!!

Ti scrivo perché oggi sono andata al mio primo allenamento di ginnastica. All'inizio non avevo per niente voglia e invece... non pensavo potesse succedere: mi sono divertita! È stato forte provare per la prima volta tutti gli attrezzi e la mia istruttrice non è male... Ora però sono un po' timorosa e non sono tanto sicura di voler andare al secondo allenamento. E se faccio brutte figure con le mie nuove compagne? E se mi faccio male cadendo dalla trave?

Alcuni esercizi sembrano davvero paurosi!

Anche tu provavi queste cose quando hai cominciato? Ah no! Che stupida! Il papà mi ha raccontato che hai cominciato a soli tre anni... Immagino che fossi troppo piccola per ricordarti.

Ora spengo la luce e cerco di dormire. La mamma non è ancora arrivata, chissà a che ora tornerà.

Tua, Stella

Al mattino Stella si sveglia con le stesse paure con cui si era addormentata e, come se non bastasse, la mamma non si vede: è uscita presto anche questa mattina lasciandole uno smile sotto la tazza con gli unicorni e una manciata di biscotti al cioccolato a forma di cuore.

Stella chiede al papà di aiutarla a fare una bella pettinatura con tante forcine e mollette.

«Agli ordini, signorina! Che pettinatura desidera? Uno *chignon*, una *tresse*, o una *queue-de-cheval*?» domanda Eugène il papà-parrucchiere, avvolgendo Stella in una mantella che in realtà è un asciugamano e sciogliendole la cascata di ricci color oro.

«Papà, ma cosa stai dicendo?»

I due scoppiano a ridere e dopo qualche colpo di spazzola ecco che Stella si ritrova con la pettinatura più strampalata e disordinata del mondo! I capelli sembrano cotonati, sente la lacca incollata sulla fronte e ciuffi impazziti che le vanno da tutte le parti.

Ovviamente le forcine non resistono nemmeno fino all'entrata a scuola e il papà, salutando Stella, le sussurra all'orecchio: «Prometto che migliorerò come parrucchiere!».

La bambina sorride e abbraccia forte il suo Eugène.

«Ehi, ciao! Oh-oh... Qualcosa non va. Hai una faccia!» È inutile: a Vivi non sfugge nulla, capisce al volo cosa sta succedendo alla sua amica!

«Questo pomeriggio ho l'allenamento di ginnastica e la mia istruttrice ha detto di presentarmi ben pettinata e con tante forcine in testa. E guarda? Mi sono cadute tutte prima di entrare a scuola! Sembro davvero una Cicciariccia.» Vivi è l'unica a conoscere il soprannome segreto di Stella.

«Effettivamente... Se vuoi, durante l'intervallo posso farti la coda. Sarà bellissima!»

«Davvero, Vivi?»

«Pettinare i tuoi ricci è un'impresa, ma ci

posso provare! E chi lo sa... magari anche Luca si accorge della nuova pettinatura.»

«Dài, smettila! Te l'ho detto mille volte che non mi piace!»

Luca è un nuovo compagno di classe molto timido, seduto in ultima fila. Si è appena trasferito a Milano e qui non ha molti amici. Spesso trascorre gli intervalli da solo e non va mai alle feste: dice di essere sempre impegnato, anche se nessuno sa per quale motivo. L'unica compagna con cui ha legato è Stella, e Vivi, da amica super sensitiva, come dice lei, e super impicciona, come dice Stella, se ne è subito accorta.

Dopo una noiosissima ora di matematica arriva finalmente l'intervallo e le due amiche corrono veloci, tenendosi per mano, verso il bagno. Si chiudono dentro e Vivi inizia a pettinare Stella. Improvvisamente qualcuno bussa alla porta. «Aprite subito o vado a chiamare la bidella!»

Vivi perplessa apre la porta ed ecco comparire Martina, la ginnastica dell'agonistica dal fare prepotente.

«Allora, vi muovete? Cosa state facendo qui dentro?»

«Niente, ci stiamo solo pettinando» balbetta Stella, intimidita.

«Ah be', era ora, piccola medusa!» sbotta Martina.

Stella non risponde e si limita a lanciare un'occhiata a Vivi, che ha la bocca piena di forcine e mollette.

«Ehi, ma chi è quella antipatica?» le domanda l'amica, non appena escono dal bagno.

«Lascia stare, l'ho conosciuta a ginnastica. Non si allena con il mio gruppo, ma siamo nella stessa palestra. È bravissima, sa fare degli esercizi incredibili.»

«Sarà anche brava ma è proprio odiosa.»

In equilibrio sulla trave

Cara Nadia,
non so come, ma alla fine ho trovato il coraggio e sono andata al secondo allenamento.

Nello spogliatoio le altre si stavano già cambiando. Ho dovuto fare uno slalom tra zaini e giacche per trovare un buco libero... Mi stavo per sedere in un angolo, quando all'improvviso ho sentito una vocina chiamare: «Stella!!!». Mi sono girata e ho visto Anna, la bambina dai capelli rossi che ho conosciuto durante il primo allenamento, ancora in tuta e pronta per addentare una bella fetta di pizza.

Appena mi ha vista mi ha fatto un gran sorriso e mi ha detto: «Non pensavo di rivederti! Spesso dopo il primo allenamento molte mollano e non vengono più». Poi mi ha chiesto se avevo già conosciuto le altre e io non ho fatto in tempo a dire: "La scorsa volta ho conosciuto solo..." che dal fondo dello spogliatoio si è sentita una voce sbruffona dire: «Allora non ce l'hai fatta a pettinarti, eh piccola medusa?».

Io e Anna ci siamo girate e abbiamo visto Martina (è una super brava), circondata da altre tre ragazze, già in body e perfettamente pettinata. Ha iniziato a chiamarmi così per via dei miei capelli ricci. Grrr!!!

Non appena quelle dell'agonistica sono uscite, mi sono seduta, sbuffando, su una panchina.

«Ho capito quello che mi stavi per dire... Hai già conosciuto Martina.» Anna ha cercato di tirarmi su di morale. «Sai, Martina fa ginnastica da tantissimi anni ed è la più brava dell'agonistica. Il problema è che non sopporta le ultime arrivate.»

Dalla palestra abbiamo sentito Elena, la mia istruttrice, gridare e dopo pochi secondi è entrata una bambina, con il fiatone, dicendo: «Elena ha detto che se non entrate subito in palestra come punizione ci sarà il potenziamento doppio per tutte!».

Io e Anna ci siamo guardate e ci è scappata una risata! Ci siamo prese per mano e siamo corse in palestra. È bello avere un'amica a ginnastica, non mi fa sentire sola.

Durante l'allenamento ho imparato a fare capovolte avanti e indietro al corpo libero ma soprattutto, per la prima volta, sono salita sulla temutissima trave alta, quella che sta a più di un metro da terra... Che stupida, mica devo spiegarlo a te!

All'inizio ero terrorizzata poi però mi sono fatta coraggio, ho respirato profondamente e ho deciso di provarci. Dopo dieci tentativi non ero ancora riuscita a salire. Ogni volta mi aggrappavo, mettevo un piede sulla trave e niente! Mi ritrovavo appesa alla trave a testa in giù, come una scimmia al ramo, provocando le irrefrenabili risate di Anna.

Quando sono finalmente riuscita a salire ho sentito un brivido mai provato e un tremolio alle gambe ma non di paura, di felicità. Toccavo con i piedi il ruvido della trave, vedevo la palestra dall'alto e per la prima volta mi è sembrato di aver trovato il mio posto, a più di un metro di distanza da terra. Chissà cosa si prova a fare le

piroette che facevi tu qua sopra! Questo sì che mette i brividi!

Elena mi ha spiegato gli esercizi da fare e, non so come, sono riuscita a eseguirli come se fosse la cosa più normale del mondo. Sono caduta solo una volta!

Nelle pause per riprendere fiato, ho sbirciato le ragazze dell'agonistica: Martina ha fatto un esercizio al corpo libero con la musica e, dopo aver preso una super rincorsa, ha eseguito un numero incredibile di salti: sembravano davvero mortali!

Io ero incantata, ma mi è sembrato di capire che a Simona e Alice, le allenatrici delle Gazzelle, non andasse ancora bene. «Se vuoi prendere un buon punteggio durante la gara non puoi fare tutti questi errori!» hanno gridato.

Martina si è seduta sui materassi insieme alle altre compagne, ha rannicchiato le gambe e, sbuffando, ha messo la testa tra le ginocchia. È rimasta così per un bel po' di tempo. Nessuno le si è avvicinato, nemmeno quelle amiche che prima ridacchiavano insieme a lei.

Cara Nadia, ti confesso che non vedo l'ora di tornare in palestra. Gli unici pensieri che mi metto-

no di cattivo umore sono la terribile Martina (non capisco davvero perché deve avercela su con me) e la mamma. Il papà mi ha detto che tornerà tardi anche questa sera. Uffi.

Tua, Stella

Quella sera a tavola, tra un boccone di pasta e uno di purè, Stella non smette più di raccontare al papà tutte le cose che ha imparato. Parla, mangia e mima un esercizio. È talmente euforica che attacca sul pavimento della sua cameretta una lunga striscia di scotch da usare come trave. Sale su quella linea di carta, chiude gli occhi e si immagina di essere in palestra.

Prima di andare a letto, non disfa nemmeno lo chignon che le ha fatto Elena (i tentativi del papà e di Vivi non erano serviti a granché). Le piace così tanto che spera resista fino al giorno dopo, per farlo vedere alla mamma...

La mattina seguente alla mamma non sfugge lo chignon. «Ma che bello! Chi te l'ha fatto, tesoro?»

«Elena, la mia istruttrice» risponde secca Stella. Anche se ci teneva a farsi vedere così, è ancora molto arrabbiata con lei.

La mamma le dà un bacio veloce per non farla indispettire e le disegna sulla mano uno smile prima di schizzare fuori di casa.

Cara Nadia,

passano i giorni e, alla fine di ogni allenamento, nonostante mi facciano male tutti i muscoli, sono sempre più contenta: l'ultima volta sono persino riuscita a salire con la sola forza delle braccia sulle parallele asimmetriche. So che rispetto a quello che facevi tu non è niente... Ma da qualche parte bisogna pure iniziare, no?

Per la prima volta imparo in fretta e riesco in poco tempo a fare progressi. Non è mai stato così con nessun altro sport, sai? Quando torno a casa dalle lezioni non vedo l'ora di rifare in salotto tutto quello che ho imparato... È più forte di me: non riesco a non fare ginnastica!

Il papà mi deve ricordare di fare i compiti e dopo cena guardo su YouTube i video di grandi campionesse come te. Alla fine mi addormento immaginando di gareggiare e prendere 10, il punteggio perfetto.

Oggi nel cortile della scuola durante la ricreazione mi sono esercitata a fare un sacco di ruote e verticali e Vivi si divertiva a darmi i voti. A un certo punto è arrivato anche Luca (un mio compagno di classe, uno dei pochi maschi simpatici!) e anche lui ha fatto finta di essere un giudice e ha dato i punteggi ai miei esercizi. Non so come mai, ma sembrava intendersene parecchio di *ginnastica, molto più di Vivi! Ci siamo divertiti e abbiamo riso tanto!*

Elena mi ha chiesto di andare in palestra anche il sabato... Così mi allenerei tre volte alla settimana. Domani proverò a chiedere il permesso al papà. Spero tanto che mi dica di sì!

Tua, Stella

«Papà, posso chiederti una cosa?» miagola Stella, con quella vocina a cui il papà non sa resistere.

«Certo, Cicciariccia» risponde lui mentre apparecchia la tavola per la cena.

«Elena mi ha chiesto di allenarmi anche il sabato pomeriggio...»

«Lo so, l'ha detto anche a me l'altra sera» risponde perplesso.

«Dài papà, mi piacerebbe tanto!» insiste Stella, buttandosi al collo del padre.

«Ne ho già parlato con la mamma. Va bene, a patto che i voti a scuola siano buoni. Soprattutto in matematica, ci siamo capiti?»

Effettivamente l'ultima verifica è andata davvero male!

«Evviva! Grazie papino, ti prometto che studierò tantissimo, soprattutto matematica» esulta Stella, inondando il papà di baci.

Guai in famiglia

Qualche giorno dopo, in palestra, Simona, Alice ed Elena annunciano a tutte le ginnaste che quella domenica ci sarà la gara della squadra agonistica. «È la prima prova di campionato ed è per questo che stiamo organizzando un pullman per andare tutte insieme. Più saremo e più tifo faremo.»

«Wow, Anna... Che bello! Non vedo l'ora di andare a vedere una vera gara di ginnastica!» esclama Stella al settimo cielo.

«Dobbiamo solo convincere i nostri genitori... La partenza è alle sei di mattina!» dice Anna, furbetta.

Sdraiata sul letto della sua camera, Stella pensa a lungo a come toccare l'argomento.

Finalmente si decide, esce dalla sua camera e studia bene la situazione: il papà sta cucinando e la mamma lavora nel suo studio. "Perfetto. È il momento ideale" pensa.

«Papà, ti posso chiedere una cosa?» Ancora una volta Stella usa la vocina dolce dolce.

«Dimmi, Cicciariccia.»

«Domenica mattina ci sarà una gara di ginnastica. Parteciperanno delle mie compagne più grandi. Le istruttrici hanno chiesto anche a noi del corso base di andare. Sarebbe un modo per fare squadra e fare il tifo per loro... Cosa ne dici?»

«Ah be', perfetto.»

«Ehm... l'unica cosa è che il ritrovo è di mattina presto.»

«Presto quanto?»

«Alle sei.»

«Cosa?!? Alle sei?»

«Cosa succede domenica?» chiede la mamma, entrando in cucina e rubando dei cubetti di formaggio dalla ciotola dell'insalata.

«Stella vorrebbe andare a vedere le sue compagne di squadra gareggiare, ma l'appuntamento per la partenza è alle sei.»

Ormai Stella si è mangiata tutte le unghie. Ha rovinato il mese di promesse che ha fatto con Vivi – lei non si sarebbe mangiata le unghie e Vivi avrebbe mangiato solo una fetta di pane e cioccolato a merenda, invece di cinque.

«Per volerti svegliare all'alba di domenica mattina direi proprio che la ginnastica ti piace!»

Stella abbassa lo sguardo e non risponde.

Non vuole parlare con la mamma. Che ne sa lei di cosa le piace e cosa no, se non è mai a casa?

Fa in tempo a correre fuori dalla cucina prima di scoppiare in lacrime.

Con la testa sprofondata nel cuscino, Stella sente bussare alla porta della camera. La mamma entra, si siede sul letto e inizia ad accarezzarle i lunghi capelli biondi.

«Tesoro, lo so che in questo periodo ci vediamo pochissimo, mi manchi tanto anche tu, sai? In studio stiamo lavorando a una causa molto importante, ma tra pochi giorni ci sarà l'udienza in tribunale e poi tutto tornerà come prima.»

Stella però non ne vuole sapere di sollevare la testa dal cuscino.

«Anche se pensi che non mi accorga di niente, ho visto che hai attaccato le foto di Nadia Comaneci e di Vanessa Ferrari sopra la scrivania, sai?... Non ti ho iscritto a ginnastica solo perché era comodo per me, ho davvero sperato che fosse uno sport che potesse farti sentire bene.»

Finalmente Stella si gira. Ha tutto il viso rosso e si sente in colpa.

«Scusa, mami... È che in queste settimane avevo voglia di raccontarti un sacco di cose... Ma tu non c'eri mai!»

Stella e la sua mamma si abbracciano forte e si dedicano il resto della serata: parlano di ginnastica, di amiche (e nemiche!), guardano video e si divertono a sperimentare di nuovo tante pettinature piene di mollettine colorate. Stella le racconta di tutti i suoi progressi e, come ha già fatto nelle sere precedenti con il papà, fa vedere alla mamma gli esercizi che ha imparato. La mamma è sbalordita: osserva sua figlia correre di qua e di là, guarda la casa sottosopra, i segni delle pedate sul muro, lo scotch per terra e non riconosce più la sua bambina.

Cara Nadia,
ho due belle notizie. La prima è che ho litigato con la mamma (già, questa non è esattamente una bella notizia, ma abbiamo fatto pace (e questa invece lo è!). Era da tanto tempo che non stavamo io e

lei insieme a chiacchierare e a confidarci. Ultimamente era sempre al lavoro e mi mancava. Certo, Eugène è il papà (e non il parrucchiere!) migliore del mondo ma a volte sentivo il bisogno di stare con lei.

Vuoi sapere l'altra bella notizia? Andrò per la prima volta nella mia vita a vedere una gara di ginnastica! Questa volta sarà una gara vera e non una su YouTube! Non vedo l'ora!

Ora ti lascio, devo chiamare subito Anna!

Tua, Stella

La sera prima della gara dell'agonistica, dopo gli allenamenti di ginnastica Anna si ferma a dormire da Stella. Le due amiche sono così eccitate che passano tutta la sera a preparare un lungo striscione per fare il tifo durante la gara. Dopo aver disteso un lenzuolo sul pavimento, Anna guarda soddisfatta l'amica: «Bene! Adesso scriviamo "Gamba, Gazzelle!"».

«GAMBA GAZZELLE!?! Ma cosa vuol dire?»

«Durante le gare tutte urlano: GAMBA! È un modo di dire, un po' come augurare in bocca al lupo. Ecco, diciamo che è il "buona fortuna" della ginnastica!»

«Wow! Un linguaggio in codice... Mi piace!»

Alle sei di domenica mattina tutte le ginnaste si ritrovano puntuali davanti alla palestra.

Le Gazzelle indossano la tuta bianca e blu della Gold Gym, la storica società di ginnastica di Milano, e sotto il body di gara. Tutte hanno un bello chignon circondato da tante mollette color argento. Ogni dettaglio è curato: sono perfette, impeccabili.

Il viaggio in pullman trascorre in un soffio e finalmente arrivano al palazzetto dove si terrà la gara: c'è una gran confusione, la musica alta, un caldo afoso, tantissima gente e soprattutto ci sono ginnaste ovunque

che si scaldano e si allenano prima di gareggiare.

«Ragazze, ci potete aiutare? Bisogna mettere i brillantini sugli occhi delle Gazzelle» chiede Alice, l'istruttrice, a Stella e alle altre.

«Sapete, questi sono brillantini portafortuna! A ogni gara ce li mettiamo tutte, anch'io e Alice. È il nostro rituale, senza brillantini non si gareggia!» esclama Simona con un bel sorriso.

Stella cerca di aiutare come può, anche se in fatto di trucco non è molto esperta! Dà una mano anche a Martina che con una smorfia le dice: «Grazie, medusa!».

Stella questa volta non ci fa caso e guarda incantata tutto quel luccichio sugli occhi delle Gazzelle.

Improvvisamente nel palazzetto si sente una musica a volume altissimo ed ecco le ginnaste sfilare in pedana una dietro l'altra.

«Eccole, tocca a loro! Forza Anna, aiutami a srotolare lo striscione!»

Al microfono presentano la squadra e dalle tribune si sente un fortissimo: «GAMBA, GAZZELLE!!!» urlato a squarciagola da Anna e Stella. Appena le ragazze vedono lo striscione sorridono e senza farsi notare dai giudici salutano le due bambine. Anche Martina sembra contenta di quella sorpresa.

Le due amiche battono le mani e i piedi e urlano come matte inneggiando alla loro società.

Per la prima volta Stella si sente parte di una squadra e capisce di aver finalmente trovato la sua passione: la ginnastica artistica.

Cara Nadia,

eccomi a casa! Sono appena tornata dalla gara... Sono stanchissima, neanche avessi gareggiato io! È stato così emozionante! Non so da che parte iniziare a raccontarti tutto. Dunque, partiamo dall'inizio: per prima si è esibita Ilaria al volteggio. Ha preso una bella rincorsa e ha fatto una ribaltata sul cavallo. Bravissima!

Poi è stato il turno di Valentina con l'esercizio al corpo libero: è entrata in pedana e non appena è partita la musica ha iniziato a muoversi come una vera gazzella, sorridendo ai giudici. Sembrava così fiera e sicura di sé. Dopo alcuni passi di coreografia ha preso la rincorsa e ha fatto quello che sembrava un salto mortale.

«È una rondata flic» ha spiegato Elena sottovoce a me e ad Anna.

Non so cosa fosse ma ti assicuro, Nadia, che era qualcosa di spettacolare: è arrivata in piedi e senza fare nessun passetto. Un po' come i salti che facevi tu quando gareggiavi!

Poi è giunto il momento di Guia alla trave.

«Come è elegante... Il suo relevé è altissimo. Sulla trave toccano solo le dita dei piedi!» ha sospirato Anna senza mai togliere gli occhi dall'esercizio.

Di Guia più di tutto mi ha impressionato la sicurezza... Camminava e faceva piroette sulla trave come se fosse per terra e non là sopra.

Finito l'esercizio, le compagne l'hanno abbracciata e... – tieniti forte! – Martina le ha scoccato un bel bacio sulla guancia. Quindi... anche Martina ha un cuore! Poco dopo è stato il suo turno alle parallele. Prima di salire si è legata intorno ai polsi e alle mani degli enormi paracalli. Alice e Simona nel frattempo le hanno preparato gli staggi cospargendoli di polvere di magnesio per non far scivolare le mani.

Anna, che non la smette mai di scherzare, le chiama "le parallele impanate"!

Ma torniamo alla gara! L'odore del magnesio è arrivato fino agli spalti. Ho respirato profondamente... Mi piaceva così tanto quell'atmosfera che non volevo lasciarla andare.

Martina è salita sulle parallele con una kippe. Ha continuato con un giro addominale. «Speriamo che non cada, speriamo che non cada» sussurravo, tenendo le dita incrociate.

Poi ha fatto tanti altri esercizi di cui non conosco il nome: continuava a passare da uno staggio all'altro senza mai fermarsi, era velocissima! Alla fine ha terminato l'esercizio atterrando come una vera gazzella sul materasso. È stata bravissima!

Mentre Martina girava e oscillava sugli staggi, il magnesio, come polvere magica, si spandeva sopra il pubblico. Ho pensato a te e mi è sembrato di essere in un sogno.

Le Gazzelle sono state bravissime ma tu, cara Nadia, sei sempre la migliore!

Poi un forte applauso mi ha risvegliato: ho visto tutte le ragazze abbracciarsi con Alice e Simona, felici. Ti confesso che sono stata un po' invidiosa... Come avrei voluto far parte della loro squadra.

Alle premiazioni le Gazzelle sono arrivate terze.

Erano tutte così contente! Anche Simona e Alice erano molto soddisfatte del risultato.

Ma ora... Che sonno!

Buonanotte, cara Nadia. Crollo dalla stanchezza.

Tua, Stella

Il saggio di Natale

Arriva l'inverno, a Milano inizia a fare molto freddo e le giornate sono sempre più corte.

Stella ha presentato Anna a Vivi. Sono diventate un bel terzetto e spesso passano i pomeriggi insieme. Anna e Stella si divertono a insegnare a Vivi gli esercizi appena imparati a ginnastica e le loro stanze si trasformano in improbabili palestre: il letto diventa un trampolino e il tappeto un materassino per fare le ruote e le rovesciate.

Cara Nadia,
non ci posso credere! Siamo già a dicembre e a ginnastica abbiamo iniziato a preparare le coreografie e gli esercizi per il saggio di Natale.

In palestra stiamo lavorando tantissimo e i miei muscoli sono a pezzi. Ogni mattina mi alzo con le gambe e gli addominali doloranti. Appena sveglia cammino che sembro una mummia imbalsamata!

Nadia, ti devo dire una cosa che non ho detto a nessuno: sono un po' agitata per il saggio, sai? Per la prima volta dovrò esibirmi davanti a un pubblico. È vero, non è una gara ma... se mi dimentico le sequenze che devo fare a corpo libero con la musica?

L'altra notte l'ho sognato: ero da sola in pedana, parte la musica, inizio a fare l'esercizio: passo composto, salto del gatto, verticale... e poi? Non mi ricordo più niente! La musica continua e io vedo tanta gente sugli spalti che aspetta che mi muova...

Ma io non so cosa devo fare! Mi sono svegliata sudatissima con il cuore che mi batteva forte. Il papà deve avere il radar perché se ne è accorto, è venuto in camera e mi ha dato un bicchiere d'acqua. Mi ha abbracciato e io, ancora mezzo addormentata, ho richiuso gli occhi e ho continuato a dormire.

Avrei tanto bisogno dei tuoi consigli, sai?

Per fortuna in palestra le Gazzelle ci stanno aiutando tantissimo. Dopo la loro gara sono diventate molto gentili con me e Anna. Ci danno tanti consigli e ci fanno provare tante volte l'esercizio così da memorizzarlo bene. È così bello... Sembriamo davvero una grande squadra! Indovina chi invece è sempre spocchiosa e antipatica?

MARTINA!

Non capisco che cosa posso averle fatto e perché continua ad avercela con me!

Ora spengo la luce... Prima però guardo sul PC qualche tuo video. Vederti gareggiare, così fiera e sicura, mi tranquillizza e mi dà tanta forza.

Buonanotte alla mia campionessa preferita.

Tua, Stella

La mattina del saggio la mamma saluta Stella dicendole: «Cicciariccia, io questo pomeriggio devo finire un lavoro in studio. Ci vediamo direttamente in palestra».

Stella è delusa, sperava che la mamma

l'aiutasse a prepararsi per il saggio. Così annuisce, senza alzare lo sguardo.

Il papà, ancora una volta nelle vesti di Eugéne il parrucchiere, ha tentato di rimediare all'assenza della mamma e di fare una bella acconciatura a Stella ma, come al solito, Elena ha dovuto rimetterci mano, trasformando una coda di cavallo tutta storta in un magnifico chignon.

Sulle scalinate c'è tantissima gente e, nono-

stante fuori ci sia la neve, in palestra fa un caldo tremendo.

Elena mette sugli occhi a ciascuna delle ragazze dei brillantini color argento, perfettamente in tinta con il colore del body della Gold Gym.

Stella e Anna sono elettrizzate, sentono i brividi dall'agitazione. Insieme alle loro compagne di squadra, si scaldano le gambe e la schiena.

Prima di loro, però, c'è un'esibizione dell'agonistica maschile: i ragazzi entrano in pedana e iniziano con una serie ininterrotta di ondate di acrobatica. A un certo punto la pedana si libera e al centro rimane solo un ginnasta dell'età di Stella, che esegue dei salti mortali e degli esercizi veramente incredibili.

Il pubblico applaude con entusiasmo e le due amiche rimangono a bocca aperta: non hanno mai visto nessuno fare salti così alti ed eseguiti uno dopo l'altro così velocemente.

Stella osserva il ginnasta volteggiare e rimane stupita. Non può credere ai suoi occhi: «Ma Anna… Lui è… lui è…»

«Chi, Stella?»

«Lui è…» ripete balbettando mentre continua a puntare gli occhi sbarrati sul ginnasta dell'agonistica.

«Chiii!?!»

Stella non riesce a dire nient'altro ad Anna perché oramai è il loro turno: devono prepararsi per l'entrata in pedana.

È ancora scioccata, non può credere a quello che ha visto. Mentre se ne sta in attesa in fila, Stella cerca con lo sguardo la squadra maschile per capire se quello che ha visto è stato solo frutto della sua immaginazione, ma probabilmente sono già andati a cambiarsi perché non vede più nessuno.

"Non ci posso credere..." pensa Stella.

Anna, dietro di lei in fila, le sussurra: «Stella basta! Concentrati sull'esercizio adesso!».

Al microfono presentano la squadra ed Elena, prima di fare entrare le sue ginnaste in pedana, le incoraggia: «Forza, tocca a voi! Mi raccomando ascoltate la musica, contate i tempi e rimanete concentrate! Gamba!».

Stella fa un lungo respiro, si mette in posizione insieme alle altre, guarda il pubblico e vede i suoi genitori sbracciarsi e salutarla dagli spalti. Sorride contenta di vedere la mamma. Poi parte la musica e lei si sente incredibilmente calma e serena.

Dopo l'esercizio collettivo arriva il momento della sua diagonale individuale: prende una lunga rincorsa e fa una bellissima ribaltata arrivando perfettamente in piedi, accolta da applausi e grida di incoraggiamento.

Che emozione! Stella guarda verso i suoi genitori e vede anche la sua amica Vivi applaudire forte e urlare: «Brava... ehm... Gamba, Stella!!!».

Uscite dalla pedana, ancora con il fiatone, Stella chiede ad Anna: «Allora, a te com'è andata?».

«Oh Stella, nell'esercizio collettivo ho sbagliato tutto. Che disastro!!!»

«Come hai sbagliato tutto?»

«Ho perso la concentrazione e mi sono dimenticata i passi della coreografia!»

«E quindi cosa hai fatto?»

«Me li sono inventati!» risponde l'amica, ridendo.

«Non ci credo! Solo tu potevi fare una cosa simile!»

A bordo pedana arriva di nascosto Vivi che salta al collo di Stella gridando: «Sei stata bravissima! Una campionessa!».

Gold Gym

«Eh, grazie grazie! Se vuoi ti faccio un autografo! Piuttosto, hai visto anche tu quello che ho visto io?»

«Che cosa?»

«L'esibizione di quel ginnasta bravissimo, no?»

«Certo! Non se l'è perso nessuno tra il pubblico. Un vero FENOMENO!»

«Be' sai chi mi è sembrato che fosse il "fenomeno" come lo chiami tu?»

«No, chi?»

«LUCA!!!»

«Luca...? Ma intendi Luca della nostra classe?»

«Sììì!»

«Ma va' Stella! Figurati se è Luca il fenomeno della palestra!»

«Vivi credimi, mi è proprio sembrato lui! Anche se non l'ho mai visto allenarsi e soprattutto a scuola non ha mai detto di fare ginnastica artistica.»

«Secondo me ti piace talmente tanto che lo vedi dappertutto... Perfino in palestra a fare i salti mortali più alti di tutti!» dice Vivi, tirando fuori la lingua.

Quella sera ad accogliere Stella a casa c'è una sorpresa: sulla sua scrivania trova un bel mazzo di margherite colorate, le sue preferite, con un bigliettino: "Tante congratulazioni alla nostra Cicciariccia. Oggi ci hai emozionati. Siamo fieri di te. Mamma e papà".

Le vacanze di Natale passano in un soffio: Stella ha ricevuto in regalo un body da ginnastica bianco, con dei disegni gialli, rossi e blu che ricorda tantissimo quello di Nadia Comaneci e non vede l'ora di indossarlo in allenamento e mostrarlo a Elena, che ha qualcosa da comunicare alle sue ginnaste.

«Ragazze, siete un gruppo speciale, mi avete dato tante soddisfazioni e per questo quello che vi devo dire è molto difficile.»

Stella si preoccupa: "Cosa sarà successo?" pensa.

Con la voce sommessa Elena continua:

«Ho trovato un nuovo lavoro in un'altra città. Mi trasferirò a Roma e tra qualche mese non potrò più allenarvi».

Tutte rimangono senza parole, in palestra cala un silenzio improvviso.

Molte delle bambine del corso hanno cominciato insieme a Elena e anche Stella si sente legata a lei.

«Oh no!" esclama Anna spalancando la bocca.

«Vedrete che andrà tutto bene, arriverà una nuova istruttrice e io verrò spesso a trovarvi… Ve lo prometto. Ma adesso basta con le brutte notizie! Eccone una che vi tirerà su di morale. Volete sentirla?»

«Sììì!" urlano tutte.

«Visto il grande impegno che avete dimostrato al saggio, ho deciso di iscrivervi a una gara di ginnastica. La vostra prima gara individuale!»

«Una gara vera!?!» domanda Stella, scombussolata da tutte quelle novità.

«Già! Si tratta di un primo campionato costituito da due prove. Se supererete la prima gara potrete qualificarvi per la finale che si terrà... a Fano!»

«Wow...» sospira Stella. «Una gara vera!»

Al termine dell'allenamento Elena si avvicina a Stella, impegnata a fare tanti addominali.

«Allora, come stai?» chiede l'istruttrice con voce tranquilla. Ha imparato a conoscere la bambina e sa che qualcosa la preoccupa. È così pensierosa!

«Così così» risponde lei con il fiatone, interrompendo i suoi esercizi.

«Ascolta, tesoro. Al saggio hai fatto un bellissimo esercizio. Ti sei dimostrata sicura e determinata.»

«Io invece avevo una gran paura di dimenticarmi tutto e di sbagliare come Anna... Che figura avrei fatto!»

A un tratto si sente la porta della palestra sbattere e dei passi allontanarsi di corsa verso lo spogliatoio. È Anna! Ma perché se n'è andata senza salutare?

Cara Nadia,
in questi giorni ci sono state un sacco di novità... Una bella e le altre un po' meno... Da dove inizio?

Da quella bella, dài!

Farò la mia prima gara di ginnastica! Ti rendi conto!?! Non riesco ancora a crederci! Ho dovuto però chiedere il permesso alla mamma e al papà, perché Elena dice che ho bisogno di fare più allenamenti per arrivare al livello delle altre.

Hanno brontolato un po': «Non dimenticarti della scuola, Cicciariccia», «In matematica non siamo ancora sufficienti, signorina» e bla bla bla. A volte i genitori sono proprio noiosi, non credi?

Ovviamente ho dovuto promettere che nella prossima verifica prenderò un bel voto (devo chiedere a

Vivi di aiutarmi e magari passarmi un po' dei suoi super poteri matematici!)

Ora però tocca alle notizie brutte. Te le dico, o meglio te le scrivo tutte d'un fiato.

Elena si trasferirà dopo la gara e non ci potrà più allenare :-(

Ho litigato con la mia amica Anna... In realtà non è che abbiamo veramente litigato... Semplicemente è sparita. Non si fa vedere in palestra e non mi risponde più al telefono. Non capisco e non so cosa fare. Spero le passi presto.

Ora schizzo a fare i compiti!

Tua, Stella

Gli allenamenti in vista della gara sono totalmente diversi rispetto a quelli di prima. Tutto è più difficile ed Elena sembra essere molto più severa.

Cercare di stare al passo con gli esercizi non è facile, e Stella spesso non può far altro che imitare le sue compagne e sperare di fare bene. Ogni volta sente pronunciare nomi di esercizi sconosciuti e le sembra tutto così complicato. "Non ce la farò mai" pensa. Nemmeno il suo body nuovo, simile a quello di Nadia, riesce a farla sentire più sicura. Se almeno ci fosse Anna al suo fianco, con la sua carica di buonumore! Da quella volta in cui se ne è andata, non si è più fatta vedere in palestra.

«Stella, qualcosa non torna. È impossi-

bile che Anna di punto in bianco non ti risponda più al telefono e non venga più in palestra» le dice la detective Vivi, alla quale non sfugge mai niente.

«Te l'ho detto! L'ultima volta che l'ho vista, stavo parlando con Elena e poi Anna è uscita di fretta sbattendo la porta.»

«Un motivo ci sarà! Che cosa vi stavate dicendo tu ed Elena?»

Stella si batte una mano sulla fronte. «Vivi, sei un genio! Ora capisco perché si è arrabbiata! Io stavo dicendo a Elena che la sera prima del saggio avevo paura di dimenticarmi tutto, proprio come è successo ad Anna!»

«Ecco! Anna deve aver sentito tutto. Mistero risolto!»

«Sei una detective eccezionale, Vivi! Devo assolutamente trovare il modo di parlare con Anna e chiederle scusa per quello che ho detto!» esclama Stella sollevando di peso la sua amica.

«Mettimi giù!!! È vero che ora sei una ginnasta e sei superforzuta, ma ci terrei a non essere sbriciolata come un biscotto, grazie!» esclama Vivi, ridendo.

Cara Nadia,
ti ricordi che al saggio di Natale mi era sembrato di vedere Luca esibirsi insieme alla squadra di agonistica maschile? Be', in questi giorni io e Vivi abbiamo cercato di indagare su questo mistero. Gli abbiamo fatto un bell'interrogatorio in classe, ma lui ha continuato a negare.

«Ma siete matte? Secondo voi sono io il fenomeno del saggio di Natale di cui continuate a parlare?» ha risposto, mentre cercava di prendere le distanze da quell'interrogatorio il più in fretta possibile.

Non ci ha convinte e così, come delle vere e proprie detective, lo abbiamo seguito di nascosto... Purtroppo senza risultati! In palestra non si è vista l'ombra di Luca e i suoi spostamenti non sembrano sospetti. Insomma, forse mi sono proprio sbagliata, anche se ti confesso che mi sarebbe piaciuto se Luca fosse stato un ginnasta!

Ti abbraccio.

Tua, Stella

Scusami, Anna

«Ragazze, allora domani ci troviamo tutte alle dieci davanti all'entrata del palazzetto di gara. Ricordatevi di indossare la tuta della società e di portare il body di gara, le forcine, lacca per capelli e i paracalli» esclama Elena a fine allenamento. «E mi raccomando... Cercate di dormire questa notte: domani dovrete essere super in forma!»

Mentre tutte corrono verso gli spogliatoi, Stella ferma Elena chiedendole: «Non hai ancora avuto notizie di Anna?».

«Purtroppo no, Stella. Non so proprio

cosa dirti. Dài, non pensarci e vai a casa a riposarti. Vedrai che presto si farà viva!»

All'uscita, mentre aspetta la mamma seduta sui gradini, Stella sente la solita voce antipatica dire: «Allora, medusa, pronta per la tua prima figuraccia?».

Stella sbuffa, alza gli occhi, si gira e vede Martina, ancora perfettamente pettinata nonostante le tre ore di allenamento.

«Be', almeno cerca di tenere a bada tutti quei ricci.»

Stella si tocca i capelli e capisce di avere in testa un cespuglio impazzito.

«Ci hanno chiesto di fare un'esibizione prima dell'inizio della vostra gara. Forse per far vedere a tutti cos'è la VERA ginnastica!» sottolinea Martina con il solito ghigno prima di salire sulla moto del padre e urlare: «A domani, medusa!».

Poco dopo arriva la mamma.

«Scusa Cicciariccia, ho avuto un imprevisto al lavoro!»

«Sai che novità! E poi, qualcuno può chiamarmi con il mio vero nome?» borbotta Stella a bassa voce, mentre apre la portiera della macchina.

Cara Nadia,
ecco... il tanto temuto momento è arrivato. Domani ci sarà la gara. Ti ricordi com'ero agitata la sera prima del saggio? Bene, adesso non solo sono agitata, sono TERRORIZZATA.

La trave, il pubblico, i giudici, quella spocchiosa di Martina!!! Argh!!! Mi tremano già le gambe!

Esiste qualche rimedio per sconfiggere la paura?

Vorrei che fossi qui con me a darmi i tuoi consigli e che ci fosse anche Anna con le sue battute e le sue facce buffe: di sicuro non avrei così tanta paura.

Incrocia le dita per me.

Tua, Stella

Il giorno dopo Stella, senza quasi accorgersene, si ritrova immersa in quel fortissimo odore di magnesio, lo stesso che aveva sentito alla gara delle Gazzelle. Le gambe tremano, le mani anche.

"Come potrò salire sulla trave se continuo a tremare così?" pensa.

Tra il pubblico ci sono i suoi genitori, sorridenti ed emozionati. Il papà, per l'occasione, ha portato con sé la sua vecchia videocamera. La mamma invece quella mattina le ha fatto un bellissimo chignon…

Mentre si riscalda la schiena, cerca di distrarsi e di pensare a qualcosa di divertente, come faceva con Anna durante gli allenamenti. Proprio mentre osserva la gente a testa in giù le sembra di vederla… Anna!

Immediatamente Stella si scioglie dalla posizione e salta in piedi.

«Anna!!! Anna!!!» urla. Non è un'allucinazione!

È proprio lei, insieme a Vivi e con un piccolo striscione con scritto "Forza Stella". Non ci può credere!

Stella sorride, sollevata, poi si sbraccia e urla: «Ciaoo!!!».

Anna scende di corsa dagli spalti e arriva al bordo del campo gara. Stella la raggiunge e la abbraccia fortissimo.

«Anna, come mi sei mancata! Ma che fine hai fatto? Ti ho cercata non so quante volte... Nessuno aveva più tue notizie! Scusami tanto per quello che ho detto a Elena in palestra... Non volevo offenderti!»

«Non ti devi scusare, anzi, quello che hai detto mi ha fatto capire una cosa...»

«Cioè, che cosa?» domanda Stella.

«Che la ginnastica non fa per me. O meglio, sì, mi diverto, ma le gare vere, naaah! In questo periodo ho seguito alcune lezioni di giocoleria e be'... mi è piaciuto un sacco! Quello che ho imparato a ginnastica mi servirà moltissimo, sai… l'equilibrio, l'agilità, ma non penso che tornerò in palestra.»

«Oh Anna… Allora non ci alleneremo più insieme!»

«Già, ma io sarò sempre qui a fare il tifo per te. Non sparirò più. Promesso!»

Vivi le raggiunge e per un momento Stella si dimentica della tensione della gara. Si sente così felice che il trio sia nuovamente unito!

«Stella, cosa stai facendo? Torna a scaldarti, tra poco tocca a te!» Elena, dall'altra parte del campo gara, la strappa dall'abbraccio con le sue amiche.

Ma ora Stella si sente piena di energia, sono tutti lì per lei e allora… Gamba!

La gara ha inizio e presto è il turno di Stella.

Prima esegue l'esercizio con la musica al corpo libero. Lo fa tutto d'un fiato, si sente carica e le gambe non le tremano più. Alla fine dell'esibizione sente il pubblico applaudire forte ed Elena le corre incontro dicendo: «Bravissima tesoro, meglio di così non potevi fare. Ora concentrati per il salto al volteggio».

Stella respira, prende una lunga rincorsa ed effettua un bellissimo salto. Arrivo perfetto, senza fare neanche un passo per stabilizzarsi.

Di nuovo un applauso forte del pubblico.

«Gamba, Stella!!!» gridano Vivi e Anna.

Arriva il momento dell'esercizio sulla trave alta.

Elena aiuta Stella a riscaldare le spaccate, le dice di stare tranquilla, di concentrarsi sull'esercizio e di non pensare a nient'altro. «Mi raccomando, se stai per cadere dalla trave, stringi il sedere e gli addominali e vedrai che resterai in equilibrio. Forza!»

«Stella Martino» chiamano i giudici della trave.

Lei si alza e si posiziona di fronte alla trave. Le voci del pubblico spariscono. Stella non sente più niente se non un profondo silenzio. Di fronte a lei c'è Elena e di fianco tutte le sue compagne. Incrocia lo sguardo di Martina che, severa, annuisce con la testa.

È il suo momento, l'odore di magnesio le sembra sempre più forte.

Saluta i giudici con quel gesto che il primo giorno di allenamento le ha insegnato Elena.

Respira profondamente, sale sulla trave e inizia a fare il suo esercizio.

Passo passo salto raccolto.

Passi di coreografia.

Capovolta avanti.

Passi di coreografia.

Enjambée.

Altri passi di coreografia, giro perno.

Ed ecco la parte più difficile. Stella respira e si pre-

para per la rovesciata indietro: appoggia le mani sulla trave, la guarda, stringe il sedere e gli addominali, ma al momento dell'arrivo dalla rovesciata, appoggia male il piede, si sbilancia e cade.

Tutto il pubblico sussulta e, dopo un «Oooh» collettivo, applaude per incoraggiare la giovane ginnasta. Giù dalla trave Stella non trova la forza di alzare lo sguardo. Fissa l'attrezzo con aria di sfida, stringe i pugni e risale, ricordandosi le parole di Elena: «Se cadete dalla trave dovete sempre risalire e continuare l'esercizio. È la regola numero due della ginnastica».

Finisce l'esercizio e sospirando si prepara per l'uscita: passo passo e rondata. Arrivo perfetto. Stella trova finalmente il coraggio di alzare gli occhi e due lacrime le scendono sulle guance.

Quella sera, a casa, Stella si chiude in camera e ancora con indosso il body e la tuta della società si sdraia sul letto, affondando la faccia nel cuscino. Non ha voglia di rispondere alle telefonate delle sue compagne, non ha voglia di cenare. I brillantini sono sparsi sulle guance e lo chignon ormai è disfatto.

Cara Nadia,
tu sei l'unica che mi può capire. La gara è stata un disastro. Come temevo sono caduta dalla trave proprio mentre facevo la rovesciata. Ho appoggiato male il piede e sono scivolata a terra. Ho preso coraggio, sono risalita e ho finito l'esercizio, ma mi sono vergognata così tanto! Non ho voluto neanche aspettare la classifica, sono salita sugli spalti e ho detto ai miei genitori che volevo andarmene. Non riuscivo a fermare le lacrime. Mi sono impegnata moltissimo in quest'ultimo periodo, proprio per poter fare una bella gara e passare alla finale... E invece ecco che in un secondo ho rovinato tutto!

Il papà ha cercato di consolarmi. Mentre eravamo in macchina sulla strada del ritorno mi ha detto: «Cicciariccia, può capitare a tutti di sbagliare o di cadere da un attrezzo, non solo a giovani ginnaste durante la loro prima gara, ma anche a campionesse internazionali durante le Olimpiadi».

Mi sono un po' tranquillizzata, ma poi la mamma

ha detto: «In palestra ti potrai esercitare ancora di più e vedrai che imparerai a non cadere dalla trave». In quel momento mi è venuto un pensiero terribile: come farò a tornare in palestra e confrontarmi con le altre mie compagne molto più brave di me? Proprio adesso che Elena andrà via! Non posso pensare di sopportare le battute di Martina e le sue risatine. Non tornerò mai più in palestra.

Chissà se anche a te è mai capitata una situazione come questa.

Tua, Stella

Per due volte di seguito Stella finge un gran mal di pancia e convince la mamma a non mandarla in palestra. Rimane a casa ad annoiarsi e a immaginare cosa stanno facendo le sue compagne a ginnastica.

Dopo cena, mentre sta guardando un film insieme ai suoi genitori, suona il cellulare della mamma. Sullo schermo compare la scritta: ELENA ISTRUTTRICE, e subito il cuore inizia a batterle fortissimo.

La mamma risponde, spostandosi in un'altra stanza. Stella non riesce a sentire la conversazione. Dopo qualche minuto la mamma torna e spiega: «Era la tua istruttrice. Ha chiesto come mai non ti ha più vista in palestra e si è raccomandata di andare domani perché ti deve parlare».

Stella impallidisce: alla sola idea di tornare a ginnastica le viene davvero il mal di pancia.

«Ma come è possibile?! Sono passata alla seconda prova anche se sono caduta dalla trave?» domanda incredula Stella a Elena fuori dagli spogliatoi.

«Eh già! Hai fatto quell'errore, ma sugli altri attrezzi sei andata benissimo. La media del punteggio è rimasta alta e quindi preparati… Sei passata alla finale e andrai a Fano insieme alle tue compagne. Con voi ci saranno anche le Gazzelle e la squadra maschile. Sono stati convocati per fare un'esibizione dopo la vostra gara. Sarete tutti insieme! Sei contenta?»

«Cooosaaa!?!» esclama Stella, saltando dalla felicità.

«Oggi è il mio ultimo giorno di allena-

mento, Stella, e ci tenevo a dirti una cosa importantissima di persona, una cosa che la ginnastica insegna ogni giorno, ma che ti servirà sempre, in ogni occasione: bisogna reagire di fronte alle difficoltà. Regola numero tre! Quindi forza, saluta la mamma e corri a cambiarti! Ti aspetto in palestra.»

«Mamma, hai sentito? Andrò a Fano!!!»

«Cicciariccia, sono contenta che tu sia così felice, ma lo sai che i voti in matematica che stai portando ultimamente a casa non sono buoni e ci avevi promesso che saresti migliorata dopo l'insufficienza in pagella!»

«Ma mamma! Solo l'ultima verifica non è andata bene.»

«Stella, anche le altre interrogazioni non sono andate bene e lo sai.»

Tutto l'entusiasmo improvvisamente svanisce.

«Vai pure agli allenamenti, ma sappi che se la pagella di fine anno non sarà buona non potrai andare a Fano.»

Oh-oh, questo sì che è un bel guaio! Come farà a prendere la sufficienza in matematica? Finora nemmeno i super poteri di Vivi sono riusciti a salvarla. Che disastro!

Cara Nadia,
non ci crederai, ma ho ripreso gli allenamenti in palestra e - tieniti forte - sono passata in finale! Sono così felice... Elena purtroppo è partita e fino alla fine dell'anno saremo allenate da Alice e Simona, non insieme alla squadra delle Gazzelle però! Non hai idea di quanto sono severe! Gli allenamenti sugli attrezzi sono più lunghi e se non riu-

sciamo a fare un esercizio lo ripetiamo fin quando non ci viene. Ma che soddisfazione quando finalmente Alice o Simona mi dicono che va bene! Ogni volta salto dalla gioia! :-)

Sui palmi delle mani mi stanno venendo dei piccoli calli per via delle parallele... A scuola li ho fatti vedere a Vivi che ha esclamato: «Caspita, stai diventando una vera ginnasta!».

Oggi Anna mi è venuta a prendere alla fine dell'allenamento. Ero così contenta di vederla!

Ma la data della finale si sta avvicinando e manca pochissimo anche alla fine della scuola e quindi alle pagelle. Aiuto! Non posso saltare la gara di Fano per colpa della matematica! Devo trovare una soluzione.

Ti abbraccio.

Tua, Stella

Una mattina, durante l'ora di storia, Stella trova un bigliettino infilato nel suo astuccio. Di nascosto dalla maestra lo apre piano.

Il biglietto non è firmato. La scrittura è irriconoscibile. Stella si guarda attorno. Lo mostra a Vivi, ma anche l'amica non riesce a capire chi possa essere stato a scrivere quella frase. Nes-

La ginnastica è
così... Basta un
soffio di vento
per cadere,
ma tieni duro e
dimostra ciò che
vali. Gamba!

suno a parte loro due sa della gara e di quel che è successo.

All'intervallo Luca si avvicina timidamente a Stella e la invita a casa sua per fare insieme i compiti di matematica. Sa che Stella deve recuperare e Vivi proprio non riesce a farle capire il suo trucco per i problemi. Stella diventa tutta rossa, ma accetta imbarazzata, mentre Vivi se la ride sotto i baffi.

«Te l'avevo detto che gli piacevi! Tu non mi ascolti mai.»

«Non è vero! Mi aiuta solo a ripassare, visto che i tuoi super poteri non funzionano!» risponde ridendo Stella.

A casa di Luca, sua mamma offre ai due ragazzini una torta dall'aspetto terribile.

«Scusami, mia mamma si ostina a voler cucinare le torte, ma è una pessima cuoca... Solo che né io né i miei fratelli abbiamo il coraggio di dirglielo e per questo continua a farle!» sussurra Luca per non farsi sentire dalla madre.

Stella si mette a ridere e inizia a sentirsi a proprio agio anche se, chissà perché, le mani le sudano tantissimo e il cuore le batte forte.

Dopo aver fatto finta di mangiare quella torta quasi cruda, i due vanno in camera per fare i compiti: è la prima volta che Stella entra nella stanza del suo compagno e subito è attratta dalla grandissima quantità di coppe appoggiate sull'ultima mensola di una disordinata libreria.

«Wow quante coppe! Ma da dove arrivano?» domanda Stella

«Mah, niente, sono di vecchie gare, alcune di sci, altre di nuoto.»

Stella si sforza il più possibile di leggere le targhette, ma sono troppo in alto per capire cosa c'è scritto.

Non riesce proprio a concentrarsi: mentre Luca legge gli esercizi di matematica, lei si guarda attorno e vede, nascosto dietro dei cuscini, un poster. Subito si alza dalla scrivania e va a sedersi sul letto per dargli un'occhiata.

«Ehi, ma che fai! Dobbiamo studiare!»

«Uffa, come sei noioso, voglio solo vedere il poster!»

«No, lascia stare!» Luca le si avvicina e cerca di impedirle di spostare i cuscini. «Dài, Stella, lascia stare, davvero.»

Inizia così una lotta a colpi di solletico.

«Dài dài fammi vedere!!!» ride Stella.

«Scordatelo!» esclama Luca.

Ma ormai è troppo tardi: Stella riesce a spostare i cuscini e a vedere il poster. Non riesce a credere ai suoi occhi: una gigantografia di un ginnasta, vincitore dell'oro olimpico agli anelli!

«Ma come? Allora è vero! Sei tu il fenomeno del saggio di Natale?»

Luca, rosso in volto, crolla sul letto e confessa: «Beccato. Ora sarai contenta!».

«Perché non me l'hai detto prima? Sapevo che eri tu! Caspita, sei davvero bravo!»

Luca sorride, lo sguardo è basso.

«Ma allora anche il bigliettino me l'hai lasciato tu a scuola! E come facevi a sapere che cos'era successo alla gara?»

«Lo sapevo perché prima della sezione

femminile ha gareggiato quella maschile, e in squadra c'ero anch'io. Poi mi sono fermato per vedere la vostra gara.»

Improvvisamente Stella ammutolisce. Il ricordo della sensazione della caduta dalla trave… se ne era quasi dimenticata.

«Ho visto le tue lacrime quando sei risalita sulla trave e in quel momento avrei voluto dirti che all'inizio è successo anche a me, non dalla trave ovviamente, ma dalle parallele pari.»

Stella sorride e scherzosamente domanda: «Come, tu non fai la trave?».

«Eh già, nel caso non lo sapessi i maschi non fanno la trave ma gli anelli, le parallele pari, il cavallo e la sbarra» risponde Luca, tirandole una cuscinata. «Ci siamo trasferiti qui a Milano proprio per i miei allenamenti. Nel paese dove abitavo prima non c'era una palestra così attrezzata come quella che frequentiamo. Il mio allenatore è entrato in contatto con la Gold Gym e ci ha consigliato di trasferirci per poter proseguire la mia carriera sportiva.»

«Wow!» esclama sorpresa Stella. «Ma perché a scuola non l'hai detto a nessuno?»

«Non mi sembrava così importante… E poi avrai capito che sono un po' timido e che non racconto molto di quello che faccio fuori dalla scuola!»

«Ma Luca, dovresti dirlo a tutti! I tuoi salti mortali sono così, così… ALTI che sembra che tu stia volando!» esclama Stella.

«Ma dài! Esagerata!!!»

Luca le tira una cuscinata e i due inizia-

no a ridere. Il ragazzino si sente finalmente sollevato per aver svelato il suo segreto.

"Il fenomeno… Non vedo l'ora di dirlo a Vivi" pensa sognante Stella, mentre osserva Luca e per la prima volta riconosce il portamento del ginnasta.

Cara Nadia,
non ci crederai... Luca ha confessato di essere il fenomeno del saggio di Natale! Ti ricordi? Il ginnasta più bravo che faceva salti mortali alti fino alle stelle? Ecco, alla fine avevo ragione! Il mio amico Luca è il più bravo dell'agonistica maschile... Incredibile!

Ormai manca pochissimo alla finale! In questi giorni mi sto allenando così tanto. È la mia occasione! Ho la possibilità di fare una bella gara e dimostrare quanto mi sono impegnata in questi mesi.

Ma vuoi sapere qual è la cosa che al momento mi preoccupa di più? Domani ci sarà la consegna delle pagelle e il mio destino sarà svelato: avrò preso la sufficienza in matematica? Aiuto! Non posso saltare la trasferta per colpa di un'insufficienza in pagella!

In queste ultime settimane la mamma si è persino presa del tempo per stare con me e aiutarmi nei compiti. Dice che con i miei amici non mi concentro abbastanza... Effettivamente con Luca non facciamo altro che fare esercizi di ginnastica e con Vivi chiacchieriamo tutto il tempo!

L'altra sera, mentre ero alle prese con un problema, ho ripensato all'ultimo periodo in cui mamma era sempre al lavoro e, quasi senza pensarci, le ho detto: «Mamma, è proprio bello averti qui con me».

Lei ha appoggiato i bicchieri, mi ha abbracciato forte e... tieniti... mi ha preparato il mio piatto preferito: cotoletta e patatine fritte.

Ora spengo la luce.

Chissà cosa mi aspetta domani!

Un abbraccio.

Tua, Stella

La maestra esce dall'aula e chiama: «I genitori di Stella Martino».

Stella, Vivi, Luca e Anna se ne stanno seduti sui gradini ad aspettare. Stella è agitatissima… Gli amici tentano di distrarla, ma lei continua a ripetere tra sé: "Speriamo di avere avuto la sufficienza. Speriamo di avere avuto la sufficienza…".

Dopo pochi minuti che sembrano lunghi un'eternità, ecco la mamma e il papà uscire con la pagella in mano.

Stella li guarda e vede il papà farle l'occhiolino!

«Evviva… Quindi posso partire per Fano?»

«Proprio così… La maestra è stata particolarmente buona quest'anno. Ma ci ha fatto capire che l'anno prossimo pretenderà molto di più!» dice seria la mamma, mentre il papà annuisce lasciandosi scappare un bel sorriso.

Stella non sta già più ascoltando il discorso dei genitori e felice abbraccia i suoi amici gridando: «Evviva! Posso fare la gara!!!».

La sera prima della partenza è una serata speciale e per questo i genitori di Stella permettono ad Anna e a Vivi di fermarsi a dormire a casa loro. Le tre amiche si ritrovano a chiacchierare e fantasticare sulla gara come sempre.

Anna e Vivi regalano a Stella due mollette a forma di stella con un bigliettino: "Due portafortuna per dirti che facciamo il tifo per te. Vola in alto. Anna e Vivi".

Una volta spenta la luce, le tre amiche si stringono la mano e chiudono gli occhi l'una vicina all'altra.

Stella si gira e rigira: è così agitata che non riesce a chiudere occhio. Senza fare rumore accende la lampada del comodino e prende in mano il suo diario.

Cara Nadia,
domani partirò per le finali di Fano insieme ad Alice, Simona, alle Gazzelle e alla squadra maschile, quindi insieme a Luca! Mi sembra impossibile. Un anno fa non sapevo nemmeno che cosa fosse la ginnastica artistica e ora invece sto per partecipare a una finale... Per la prima volta gareggerò senza aver vicino mamma e papà e senza il tifo delle mie amiche. Papà ha chiesto alle istruttrici di

poter venire con noi, ma il pullman è riservato solo alle ginnaste e i ginnasti. In più la mamma deve lavorare per cui non riuscirebbero comunque a venire. Ho detto a papà di non preoccuparsi. Lui mi ha guardato e mi ha detto: «Cicciariccia, stai crescendo troppo in fretta».

Io ho sorriso e lui mi ha abbracciato così forte che pensavo mi stritolasse. :-)

Buonanotte mia campionessa.

Ti voglio bene.

Stella

La mattina le tre amiche si alzano presto, e Anna e Vivi accompagnano Stella alla stazione dei pullman. Prima di uscire di casa Anna abbraccia stretta Stella: «Sono tanto felice per te, gamba Stella!».

La bambina saluta i suoi genitori, sale insieme alle altre sue compagne sul pullman e sente un magone salirle dal petto. Non è la prima volta che dorme fuori casa senza mamma e papà, ma questa è tutta un'altra storia.

Una volta preso posto, Stella crolla in un sonno profondo e sogna per tutto il viaggio di trovarsi in campo gara, di iniziare il suo esercizio sulla trave, di fare la rovesciata indietro e di cadere, proprio come la volta precedente.

Quando si sveglia si ritrova tutta sudata e indolenzita. Mentre si stiracchia per cercare di recuperare la sensibilità del braccio, Martina si siede all'improvviso di fianco a lei.

Stella sospira. Non ha proprio voglia di subire per l'ennesima volta le sue battutine taglienti e così quando Martina esordisce

con un: «Allora, pensi
che riuscirai a rimanere in equili-
brio sulla trave questa volta o no?», Stel-
la non riesce a trattenersi e reagisce. Tutto
quello che pensa di Martina e che non le ha
detto in questi ultimi mesi esplode con for-

za, catturando l'attenzione di tutto il pullman. «Basta Martina, si può sapere cosa ti ho fatto? Certo, non sono Nadia Comaneci, ma a te non è mai capitato di cadere da qualche attrezzo?»

Martina diventa rossa dall'imbarazzo, ha tutti gli occhi puntati addosso, cerca di blaterare qualche cosa in sua difesa, ma presto capisce che le conviene tornarsene al suo posto e rimanere in silenzio. Nemmeno quelle che lei considera le sue amiche sono al suo fianco. Alice e Simona assistono al battibecco, ma non dicono nulla e lasciano che Stella si difenda da sola.

Finalmente, dopo un lungo viaggio, la squadra arriva a Fano. Dopo essersi sistemati in albergo vanno a provare gli attrezzi nel palazzetto di gara. Stella rimane senza parole: è tutto così grande! Gli spalti per il pubblico sono enormi, i campi gara sono tantissimi, ma ciò che la impressiona di più è la quantità di ginnaste e ginnasti impegnati a ripassare i propri esercizi.

«Non ce la farò mai» sussurra terrorizzata alla vista di così tanti atleti promettenti.

C'è un grande caos all'interno della struttura, e il rumore è così assordante che Alice e Simona devono urlare per riuscire a richiamare la sua attenzione: «Forza, non appena si libera la trave corri a provare il tuo esercizio di gara, Stella».

In fila per l'attrezzo, la bambina è tesissima, le tremano le gambe. Poco dopo una giovane atleta di un'altra società si gira: «Allora? Cosa aspetti? È il tuo turno!».

Alice e Simona sono poco distanti e le fanno cenno di salire.

Stella prova per tre volte la rovesciata indietro e per tre volte il piede le scivola facendole perdere l'equilibrio e cadere. È nel panico, non riesce a concentrarsi e tutta quella gente, quella confusione le mette ancora più agitazione.

«Stella, ascoltami» le dice Simona, portandola fuori dalla grande sala. «Devi cercare di stare tranquilla, prova a chiudere gli occhi e immaginare di fare l'esercizio nella nostra palestra, durante l'allenamento. Ci siete solo tu e la trave. Questo è l'unico segreto per concentrarsi.»

Lei però non riesce ad ascoltare l'allenatrice e non fa altro che pensare al fatto che è caduta per tre volte di seguito.

Terminate le prove di gara la squadra torna in albergo per riposarsi.

La sera, dopo cena, le ragazze si ritrovano nella camera delle due istruttrici. Insieme ridono e scherzano; tutte sembrano essere di ottimo umore, a parte Stella che non riesce a distrarsi dal pensiero della gara.

«Dài, non ti preoccupare! Smettila di fare quella faccia triste» la incoraggia Camilla.

Poi tutte si avventano su di lei e iniziano a farle il solletico sulla pancia e sulle braccia, e Stella finalmente cede e inizia a ridere fino alle lacrime. Si sente parte della squadra e improvvisamente si sente felice (e ancora un po' terrorizzata).

Proprio mentre sta per tornare in camera incontra Luca nel corridoio.

Sente il cuore battere forte. "Sarà l'agitazione per la gara di domani?" si chiede.

«Buonanotte» dice.

«Buonanotte» risponde Luca, sorridendole.

Cara Nadia,
ci siamo! Sono a Fano e domani gareggerò. È stata una giornata lunghissima... Vorrei scriverti tante cose, di Martina, di Luca ma mi si chiudono gli occhi. Domani è il grande giorno, devo riposare per essere in super forma.

Ti confesso un segreto: un pochino mi mancano mamma e papà.

Tua, Stella

Il sole è alto, la giornata è molto calda e Stella, insieme alle sue compagne e alle istruttrici, è già dentro al palazzetto. L'odore del magnesio è fortissimo, la musica è assordante e da un microfono si sente: «Diamo inizio alla finale di ginnastica artistica, in bocca al lupo a tutte le ginnaste e i ginnasti».

«Presto ragazze, toglietevi la tuta ed entrate in campo gara per fare la sfilata» dice Simona alle ragazze.

Stella nota che anche le sue due istruttrici, nonostante cerchino di nasconderlo, sono agitate.

Si mettono tutte in fila e Stella si incanta a osservare le atlete delle altre società provenienti da tante città: la pedana del palazzetto è un tripudio di colori, i body sfavillano e i brillantini illuminano i visi e i capelli delle ginnaste.

Stella è la penultima in ordine di gara e per questo ha tutto il tempo di osservare gli esercizi delle avversarie: la tensione cresce sempre di più e la paura di cadere dalla trave è tantissima. È così agitata che non riesce a chiacchierare con nessuno e se qualche sua compagna le chiede qualcosa, lei risponde solo con cenni della testa. È troppo impegnata a osservare gli esercizi sulla trave delle altre ginnaste e dopo ogni esibizione ha l'impressione che tutte siano più brave di lei.

Il tempo sembra non passare mai e Stella non riesce a rimanere ferma. Continua a ripassare, fare i ponti e le spaccate.

«Stella, mi sembra che qualcuno ti stia chiamando...» dice con un sorriso malizioso Alice.

Stella perplessa si gira verso il pubblico. Non crede ai suoi occhi... Sugli spalti vede mamma e papà che si sbracciano e urlano: «Gamba Stella!!!»

«Mamma, papà!» esclama Stella. «Siete venuti!»

È emozionatissima nel vedere i suoi genitori sugli spalti a fare il tifo per lei. Si sente così felice!

Una voce al microfono però richiama subito la sua attenzione. Le ginnaste della Gold Gym devono entrare in campo gara.

Stella fa un respiro profondo e finalmente è il suo turno:

«Forza, tocca a te» dice Alice. «Prepariamoci.»

Stella si alza, cerca con lo sguardo i suoi ma una voce la coglie di sorpresa: «In pullman mi hai chiesto se mi è capitato di cadere da un attrezzo durante una gara… Be', sì. Alle regionali ho mancato la parallela e sono finita con la faccia a terra. Non riuscivo nemmeno a sollevare lo sguardo per la vergogna… Ma l'importante è imparare dai propri errori e alle nazionali sapevo che cosa avevo sbagliato, mi sono fatta coraggio e tutto è andato bene. Gamba, piccola medusa!».

«Martina!!! Cosa ci fai qui? Torna subito sugli spalti insieme alle altre, qui non ci puoi stare!» sussurra Simona per non farsi sentire dai giudici.

Stella e Martina si scambiano un sorriso.

Finalmente Stella si sente pronta per affrontare la gara.

Sugli spalti le Gazzelle e la squadra maschile urlano e fanno il tifo. A Stella sembra di sentire la voce di Luca gridare più forte degli altri: «Gamba, Stella!!!». Così si gira verso il pubblico con la speranza di vederlo e salutarlo, ma con tutta quella confusione non lo trova. Riesce a vedere però la mamma che le manda un bacio. Stella chiude gli occhi e con il pensiero lo afferra al volo.

«I brillantini portafortuna non possono mancare» dice Simona mentre le spalma sulle tempie i glitter argentati. «Adesso sei

pronta! Vai e sorridi ai giudici, mi raccomando!»

Titubante Stella entra in campo gara e subito è chiamata al corpo libero. Ha le gambe molli ma si fa forza ed entra in pedana. Si posiziona al centro, sente il BIP che segnala l'inizio della musica e, mentre conta nella mente per tenere il tempo, i piedi, le gambe e le braccia prendono a muoversi con grazia e precisione. Improvvisamente la paura svanisce e le gambe sono forti e sicure. Stella è completamente rapita dalla musica e, uno dopo l'altro, esegue perfettamente gli elementi che tante volte ha prova-

to in palestra. Svolge l'esercizio tutto d'un fiato e, appena la musica finisce, a gratificarla c'è un applauso fortissimo.

Anche Alice e Simona battono forte le mani: «Bravissima, Stella! E ora parallele e volteggio».

Tutto accade velocemente e Stella esegue degli ottimi esercizi, proprio come nella prima gara. Alla fine di ogni prova corre ad abbracciare le sue compagne, che le fanno i complimenti.

La rotazione sta per finire... Manca solo l'ultimo attrezzo, la trave.

Alice le sussurra le ultime raccomandazioni, poi il giudice chiama il suo nome: «Stella Martino».

Ecco, il momento tanto atteso e temuto è arrivato. Si trova a Fano, nel campo gara di una finale di ginnastica artistica. Questa volta è lei la protagonista e non le ginnaste dei video che guarda insieme a papà Eugenio.

Sospira, fa un passo, si avvicina alla trave, la osserva e pensa a quando a settembre ci era salita per la prima volta. Si era subito sentita a proprio agio e aveva provato la sensazione di aver trovato il suo posto, lassù in equilibrio a più di un metro da terra. "Trave, fammi rivivere quella sensazione. Non mi tradire" pensa.

Stella appoggia le mani sulla trave, si fa coraggio e sale. Una volta sull'attrezzo chiude gli occhi, si sforza di non sentire più il vociare del pubblico e cerca di immaginarsi in palestra con Alice, Simona ed Elena durante uno dei soliti allenamenti.

Poi riapre gli occhi, fa un respiro profondo e inizia il suo esercizio. Si concentra ed esegue in successione tutti gli elementi fino al tanto temuto momento della rovesciata indietro. Si ferma, le gambe le tremano dalla paura.

"Posso farcela, io posso farcela" si ripete.

Ancora un respiro profondo, ripensa a tutto quello che le hanno detto Alice e Simona. Ripensa ai consigli di Martina. "Non devo commettere lo stesso errore" si dice.

Si prepara: alza le braccia, inarca la schiena, stringe il sedere e gli addominali, scende

in ponte appoggiando le mani sulla trave, ed ecco che il piede appoggia saldo e sicuro.

Ce l'ha fatta! È arrivata in piedi!

Un sorriso a tradimento le compare sul volto, ma non è finita, non può perdere la concentrazione. Continua facendo un giro perno, alcuni passi di coreografia e finalmente l'uscita. I piedi atterrano sul materasso e lì si fermano, sicuri: arrivo perfetto, senza alcun passo.

Stella finalmente alza lo sguardo, si gira verso le sue istruttrici che stanno già esultando.

"Ce l'ho fatta!" pensa.

Subito dopo sente il pubblico applaudire e vede Luca sugli spalti che si sbraccia urlando: «BRAVAAA!». Di fianco a lui c'è

qualcun altro, che Stella non si aspettava di vedere: Elena, che sorride orgogliosa. Commossa solleva i pollici in segno di vittoria.

E per finire la valanga delle sue compagne, che la sommergono di baci, abbracci, complimenti e pacche sulla spalla.

Mentre è stretta da così tante braccia, Stella chiude gli occhi e una lacrima le scende sulla guancia, ma questa volta è una lacrima di gioia.

Cara Nadia,

sono appena tornata dalla gara e non vedevo l'ora di scriverti. Sono qui seduta sul letto con lo chignon meraviglioso che mi ha fatto Alice, le mollette portafortuna che mi hanno regalato Anna e Vivi e, indovina un po'?, tra le mani ho una COPPA!!!

Eh già! Sono arrivata seconda!!!

Non sono caduta dalla trave! E anche gli altri attrezzi sono andati bene. Alle premiazioni hanno chiamato il mio nome... Non ci potevo credere! Ero così frastornata che Alice e Simona mi hanno dovuto spingere verso il podio. Tutto il palazzetto ha applaudito. Mi sembrava di vivere un sogno.

Mamma e papà erano felicissimi! Sì! Alla fine sono venuti a vedermi in gara. Hanno detto che non si sarebbero mai potuti perdere la mia prima finale. Dopo la premiazione mi sono corsi incontro e papà mi ha sollevato in aria urlando: «Evviva la mia Cicciariccia». Spero tanto che nessuno l'abbia sentito... Soprattutto spero che non l'abbia sentito Luca. Che figura ci faccio!?!

Alla gara è venuta anche Elena! Insomma, c'erano proprio tutti...

Tutto questo è anche un po' merito tuo, sai? Se non ci fossi stata tu, Nadia, a darmi coraggio con il tuo esempio non ce l'avrei mai fatta. Nei momenti di difficoltà, quando tutto mi sembrava troppo faticoso e difficile pensavo a te, a quanto impegno hai messo nella ginnastica e ai risultati che hai ottenuto. Sei la mia campionessa.

Il mio primo anno di ginnastica è volato e già non vedo l'ora che arrivi settembre per ricominciare gli allenamenti e, ti confesso, anche per rivedere Luca. :-)

Chissà se riuscirò mai a entrare in agonistica; chissà se diventerò anch'io una Gazzella, chissà se un giorno gareggerò insieme a Martina...

Quello che di sicuro so è che ti porterò sempre con me e che non smetterò mai di scriverti.

Ora devo scappare. Voglio tornare al palazzetto perché stanno per cominciare le esibizioni dell'agonistica: tocca alle Gazzelle e alla squadra maschile. Devo dare a Luca tutto il supporto che lui ha dato a me... Gamba!

Tua, Stella

Le ginnaste che hanno fatto la storia della ginnastica artistica

Nadia Comaneci fu la ginnasta più giovane a vincere le Olimpiadi ed è ancora oggi considerata una delle ginnaste migliori al mondo.

Ma altre ginnaste hanno fatto la storia di questa disciplina. In Italia Vanessa Ferrari ci ha fatto sognare conquistando la medaglia d'oro ai Campionati del mondo del 2006 e rappresentando l'Italia nelle più grandi gare internazionali. Nel 2016 alle Olimpiadi di Rio de Janeiro Simone Biles, ginnasta statunitense, ha vinto la medaglia d'oro incantando tutto il mondo con la sua potenza e la sua perfezione. Una cosa accomuna queste tre grandi ginnaste: la passione per questo meraviglioso sport!

Cos'è la ginnastica artistica

La ginnastica artistica è una disciplina sportiva che richiede non solo forza e potenza, ma anche grazia ed eleganza. In generale nelle gare di questa disciplina l'atleta si esibisce da sola sui singoli attrezzi. Il giudice assegna a ogni prova un punteggio valutando la tecnica, l'eleganza e la precisione della ginnasta.

Le tipologie di gare sono numerose e si suddividono a seconda del livello della ginnasta.

La competizione più importante alla quale una ginnasta può ambire sono le Olimpiadi.

Quali sono le specialità e gli attrezzi della ginnastica artistica femminile?

Le specialità della ginnastica femminile sono quattro.

Corpo libero: è la specialità in cui la ginnasta, accompagnata da una musica, esegue su una grande pedana una serie di salti artistici e acrobatici.

Trave: è un'asse larga 10 cm, lunga 5 metri e posta a 1,20 metro dal suolo su cui la ginnasta effettua una combinazione di esercizi in perfetto equilibrio.

Parallele asimmetriche: sono costituite da uno staggio basso e uno alto. La ginnasta oscilla da uno staggio all'altro senza mai fermarsi.

Volteggio: la ginnasta dopo aver preso una lunga rincorsa batte a piedi uniti su una pedana elastica, appoggia le mani su una tavola e in volo esegue un salto.

La ginnastica artistica maschile invece è composta da cinque specialità: corpo libero, sbarra, anelli, cavallo con maniglie, volteggio e parallele.

E ora… qualche esercizio

Capovolta avanti: la ginnasta è in piedi con le braccia tese in alto, appoggia le mani a terra e rotola in avanti sulla schiena.

Capovolta indietro: da una posizione accovacciata la ginnasta rotola all'indietro sulla schiena appoggiando le mani a terra.

Ruota: si parte con le braccia in alto, si fa un lungo affondo, si appoggiano le mani a terra una dopo l'altra, le gambe si distendono in alto e ruotano fino ad arrivare a terra.

Verticale: la ginnasta appoggia a terra le braccia tese lungo le orecchie e porta le gambe unite e tese in alto rimanendo in perfetto equilibrio.

Ribaltata sul cavallo: la ginnasta prende una lunga rincorsa, batte a piedi uniti sulla pedana, appoggia le mani sulla tavola e si ribalta tenendo il corpo teso e atterrando sul materasso a piedi uniti.

Rovesciata indietro: la ginnasta è in piedi, con le braccia tese in alto, si inarca all'indietro, appoggia le mani a terra, effettua una spinta con le gambe e si rovescia fino a tornare in piedi.

Ponte: si parte da sdraiati sul dorso, con le ginocchia piegate e i piedi appoggiati vicino al sedere. Le braccia sono piegate e le mani appoggiano ai lati della testa. La ginnasta si dà una forte spinta verso l'alto fino a sollevare il corpo e stendere le gambe.

Staccata: la ginnasta in appoggio sul bacino divarica le gambe e porta le braccia in alto vicino alle orecchie.

Enjambée: dopo un presalto, la ginnasta effettua una staccata in aria.

Giro indietro sulle parallele: la ginnasta è in appoggio su uno staggio, ruota all'indietro con il corpo teso e ritorna nella stessa posizione di partenza.

Giro di 360°: la ginnasta dalla posizione eretta si porta in appoggio su un piede e fa una piroetta di 360°.

Alcuni segreti per diventare una grande ginnasta

Ricordati di raccogliere sempre i capelli…
Durante gli esercizi è vietato sistemarsi i capelli!

Quando fai gli esercizi cerca di stringere sempre gli addominali.

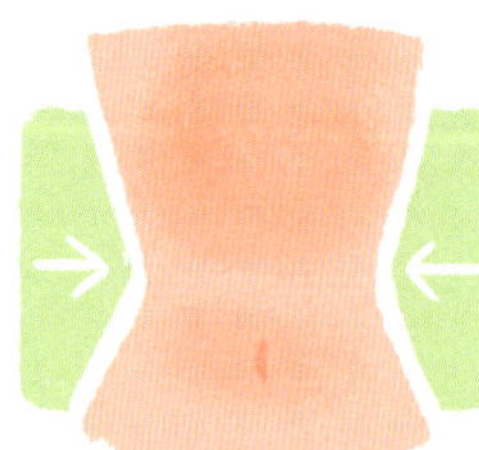

Stendi le punte dei piedi in tutti gli esercizi.

Tieni sempre le braccia e le gambe tese (ovviamente non quando devi piegarle per fare qualche esercizio!).

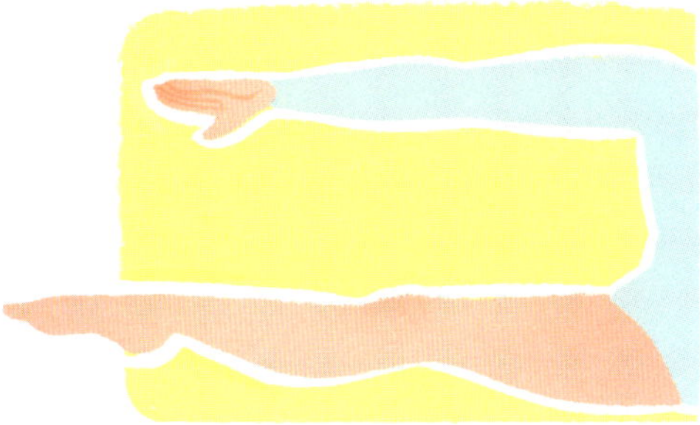

E soprattutto… DIVERTITI!!!

Indice

DARIA BERTONI

L'AUTRICE

Nata a Milano in una casa piena di cani, ha iniziato fin da piccolissima ad amare i libri e non ha mai smesso. Oggi è libraia presso la Libreria dei Ragazzi, trascorre le sue giornate leggendo e raccontando ai più piccoli storie fantastiche. Tra una lettura e l'altra insegna ginnastica artistica e spesso si ritrova a consigliare libri anche in equilibrio su una trave!

© Lorenzo Busi, Bigrock

SARA MAURI

L'ILLUSTRATRICE

Il suo primo amore è stato il disegno, tanto che già alle elementari pensava che da grande avrebbe illustrato libri. È laureata in Graphic Design, ma ama moltissimo anche il mondo dell'animazione e del gaming. Ha frequentato un master in Concept Art e per farlo si è trasferita in Veneto, dove attualmente vive e lavora.